Y Dyn Dweud Dref...

YN YR ARDD

Lleucu Fflur Lynch
lluniau Gwen Millward

Rhif Llyfr Safonol Rhyngwladol:
978-1-84527-734-5

CYNGOR LLYFRAU CYMRU
Cyhoeddwyd gyda chymorth Cyngor Llyfrau Cymru.

Cyhoeddwyd gan Wasg Carreg Gwalch,
12 Iard yr Orsaf, Llanrwst, Dyffryn Conwy, Cymru LL26 0EH.
Ffôn: 01492 642031
e-bost: llyfrau@carreg-gwalch.cymru
lle ar y we: www.carreg-gwalch.cymru

Argraffwyd a chyhoeddwyd yng Nghymru

I
obaith ar ddiwedd 2020

Doedd neb yn y byd i gyd yn mwynhau garddio gymaint â'r **Dyn Dweud Drefn**. Roedd o wrth ei fodd yn treulio'i ddyddiau yn ei ardd odidog.

Dim Cŵn

Ond doedd neb arall
heblaw am y Dyn Dweud Drefn
yn cael mynd i'r ardd,
dim hyd yn oed y Ci Bach!

Un diwrnod braf o haf, roedd y Dyn Dweud Drefn wedi bod yn dweud y drefn drwy'r bore am ei bod hi'n rhy boeth tu allan. Roedd ei flodau wedi sychu yn grimp!

Ar ôl aros ac aros iddi ddechrau bwrw glaw, cafodd y Dyn Dweud Drefn lond bol a phenderfynodd fod yn rhaid iddo fynd allan i roi dŵr i'r blodau.

Wrth iddo gamu allan i'r ardd, cafodd y Dyn Dweud Drefn ei daro gan wres llethol yr haul. Roedd hi'n rhy boeth o lawer i arddio heddiw, ond roedd rhaid iddo roi dŵr i'r blodau!

Cerddodd at y gwely blodau,
gan lusgo'r beipen ddŵr ar ei ôl.
Ond doedd y beipen
ddim digon hir!

Pwy fu mor wirion â phlannu'r blodau mor bell o'r beipen ddŵr?! meddyliodd y Dyn Dweud Drefn.

Wrth chwysu a thuchan
yn y gwres, dechreuodd
y Dyn Dweud Drefn
ddweud y drefn, gan weiddi
nerth esgyrn ei ben
am nad oedd y beipen
yn cyrraedd y blodau.

Roedd y Dyn Dweud Drefn
yn dweud y drefn gymaint
nes i'r Ci Bach gael braw,
a rhedeg i'r ardd i weld
beth oedd yn bod.

Doedd y Dyn Dweud Drefn ddim yn hapus.
Doedd neb arall ond y Dyn Dweud Drefn
yn cael mynd i'r ardd,
dim hyd yn oed y Ci Bach!

Ond roedd y Ci Bach wrth ei fodd
yn chwarae gyda'r beipen ddŵr,
yn enwedig ar ddiwrnod mor boeth!

Dyma'r Dyn Dweud Drefn
yn agor ei geg i ddechrau dweud y drefn
wrth y Ci Bach.

Ond ...

… cydiodd y Ci Bach yn y beipen ddŵr
a dechrau ysgwyd ei gynffon, o'r chwith i'r dde,
gan dasgu dŵr i bob cornel o'r ardd.

Sblish sblash sblosh!

Roedd y blodau bach yn hapus
ac yn cael dŵr o'r diwedd!

Hmm … meddyliodd y Dyn Dweud Drefn.
Efallai byddai'r Ci Bach yn gallu helpu
i roi dŵr i'r blodau ryw dro eto.

Tasg nesa'r dydd oedd codi tatws.
Fyddai'r Ci Bach ddim yn gallu
helpu i wneud hynny, siŵr,
meddyliodd y Dyn Dweud Drefn,
felly cafodd y Ci Bach ei yrru 'nôl i'r tŷ.

Ar ôl casglu un, dwy, tair taten,
roedd y Dyn Dweud Drefn wedi blino'n lân.
Pwy fu mor wirion â thyfu llysiau oedd
mor drafferthus i'w casglu?! meddyliodd.

Roedd hyn yn mynd i gymryd trwy'r dydd!

Ar ôl chwysu a thuchan wrth straffaglu
yn y gwres, dechreuodd y Dyn Dweud Drefn
ddweud y drefn, gan weiddi
nerth esgyrn ei ben
oherwydd bod gormod
o datws i'w codi.

Roedd y Dyn Dweud Drefn
yn dweud y drefn gymaint
nes i'r Ci Bach gael braw,
a rhedeg i'r ardd i weld
beth oedd yn bod.

Doedd y Dyn Dweud Drefn ddim yn hapus.
Doedd neb arall ond y Dyn Dweud Drefn
yn cael mynd i'r ardd,
dim hyd yn oed y Ci Bach!

Ond roedd y Ci Bach wrth ei fodd
gyda'r holl bridd ac yn rowlio a chicio
ei goesau i bob man.

Fel roedd y Dyn Dweud Drefn ar fin
dweud y drefn am fod y Ci Bach yn yr ardd,
dechreuodd y Ci Bach dyllu a thyllu.

Tyllodd a thyllodd gymaint hyd nes iddo godi'r holl datws i'r ferfa!

Hmm … meddyliodd y Dyn Dweud Drefn. Efallai byddai'r Ci Bach yn gallu helpu i godi tatws ryw dro eto.

Erbyn hyn, roedd y Dyn Dweud Drefn
wedi blino dweud yr holl drefn
yn y gwres llethol, felly gyrrodd y Ci Bach
'nôl i'r tŷ, ac aeth i ymlacio yng nghysgod
y goeden fawr ar waelod yr ardd.

Roedd hi'n braf iawn yma,
a chyn pen dim, roedd
y Dyn Dweud Drefn
yn cysgu'n drwm.

Dechreuodd chwyrnu'n braf,
ond cafodd ei ddeffro pan ddisgynnodd afal –
plop! – yn glewt ar ei ben.

Pwy fu mor wirion â thyfu coeden afalau
yn yr ardd?! meddyliodd y Dyn Dweud Drefn.

plop

Roedd o ar fin dweud y drefn
am iddo gael ei styrbio,
pan sylwodd fod y goeden yn drwm o afalau.
Roedd meddwl am yr holl bwdinau melys
y gallai eu coginio efo'r afalau yn tynnu dŵr
i'w ddannedd, ac anghofiodd bob dim
am ddweud y drefn!

Ymestynnodd ei freichiau i fyny'n
uchel uchel ... ond roedd o'n methu'n lân
â chyrraedd yr un afal a dechreuodd
ddweud y drefn!

Roedd y Dyn Dweud Drefn
yn dweud y drefn gymaint nes i'r
Ci Bach gael braw, a rhedeg i'r ardd
i weld beth oedd yn bod.

Doedd y Dyn Dweud Drefn ddim yn hapus.
Doedd neb arall ond y Dyn Dweud Drefn
yn cael mynd i'r ardd,
dim hyd yn oed y Ci Bach!

Ond roedd y Ci Bach wrth ei fodd
yn dringo'r goeden, a dyma fo'n neidio'n
sionc ar ben un o'r canghennau.

Fel roedd y Dyn Dweud Drefn ar fin
dweud y drefn am fod y Ci Bach yn yr ardd,
dechreuodd y Ci Bach fownsio ar y gangen.

Boing, boing, boing!

Dyma'r afalau yn dechrau disgyn o'r goeden
ar ben y Dyn Dweud Drefn,
gan greu mynydd mawr coch a gwyrdd ar lawr.
Cyn pen dim, roedd y Ci Bach wedi disgyn hefyd
– yn glewt ar ben yr afalau!

Roedd y Dyn Dweud Drefn ar fin
dechrau dweud y drefn eto, ond yna,
edrychodd o gwmpas yr ardd
a gweld y blodau hapus, y pentwr o datws,
y mynydd o afalau,
a'r Ci Bach yn wên o glust i glust.
Byddai gan y ddau swper blasus iawn heno!

Dechreuodd y Dyn Dweud Drefn
gasglu'r afalau i'r ferfa, a mynd â'r afalau,
y tatws a'r blodau i'r tŷ.

Erbyn i'r haul fachlud,
roedd y Dyn Dweud Drefn a'r Ci Bach
wedi cael llond plât o datws blasus i swper,
gyda tharten afalau hyfryd i bwdin,
ac roedd y tŷ yn llawn arogl persawrus
y blodau hardd o'r ardd.

Wrth eistedd yn braf yn ei gadair freichiau,
edrychodd y Dyn Dweud Drefn
ar y Ci Bach a meddwl …
Roedd y Ci Bach wedi bod
yn help mawr yn yr ardd heddiw
wedi'r cwbl!

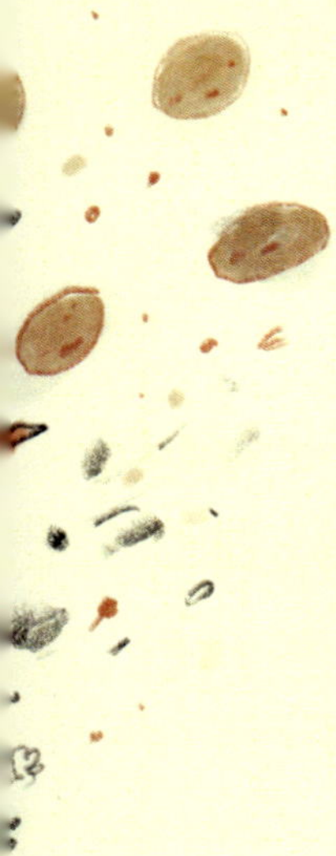

Roedd o wedi rhoi dŵr i'r blodau,
wedi codi'r tatws
ac wedi cael yr afalau
i lawr o'r goeden.

Croeso i G
~~Dim~~ ~~C~~ŵn

Ac am y tro cyntaf y diwrnod hwnnw,
gwenodd y Dyn Dweud Drefn.
Byddai croeso mawr i'r Ci Bach
yn yr ardd o hyn ymlaen!

Y Diwedd